LAS RUINAS DE LA ARBOLEDA

Daniel Guerrero Cuesta

COLECCIÓN ITES

LAS RUINAS DE LA ARBOLEDA

© Daniel Guerrero Cuesta
© de esta edición: Olé Libros, 2025

ISBN: 979-13-87620-25-7
Depósito legal: V-866-2025
Impreso en España

KALOSINI, S. L.
Grupo editorial olélibros
equipo@olelibros.com
www.olelibros.com

*Para Gloria, mi faro y mi fuerza; y para Isabel y Martín,
que llenan mi vida de luz y esperanza.*

*Este libro es un reflejo del amor y la inspiración
que encuentro en vosotros cada día.*

Los roquedales

Trepidan las flores al viento
con las caricias del rocío
y soportan su pulso lento
con los despertares tardíos.

El musgo de los roquedales
busca la humedad que se anida
en las rocas intemporales
donde las olas se suicidan.

Una mirada se extravía
absorta en el danzar del fuego
mientras la retina escribía
las hazañas de un amor ciego.

INCENDIO

En el crujir de la hojarasca
se oye el cantar del bosque viejo,
siendo las hojas finas lascas
que tiñen los prados bermejos.

Las lágrimas de la borrasca
colorean con sus reflejos
las raíces de las carrascas
y los pedregales añejos.

En el seno de la arboleda
se anuda la hoguera exaltada,
despertándose la humareda
con las pavesas excitadas.

Las brasas riegan las veredas
con frías cenizas lanzadas,
encendiendo la rosaleda
al soplo de la madrugada.

QUIMERA

Por las tierras del sur me deslumbran
los feroces adioses de ayer.
Por caminos inmundos me buscan
los espectros nocturnos sin sed.

Los zumbidos retruenan intensos.
¿Es un llanto demente en mi fe?
Son los ecos dormidos del cerro.
Sancho, ¿son gigantes otra vez?

Son quimeras en la oscuridad,
busco discernir lo que es real,
no todo destino es un final.

En el palio nocturno interpreto
arañazos del tiempo en la cara,
no podré recordar mi reflejo
ni mi suerte caída desgracia.

En la boca del pozo me miro,
con la voz abisal desvelada
y las grietas del ayer vivido,
absorbiendo mi ser en migajas.

Horizonte agrietado en el suelo,
carnaval de fantasmas en danzas,
risotadas y burlas sin dueño
y un jinete agoniza en las llamas.

Pusilánimes bestias me miran,
embotadas en humo que traman
derrocar la verdad con mentiras,
evitando buscar la esperanza.

Son quimeras en la oscuridad,
busco discernir lo que es real,
no todo destino es un final.

¡Despertad, paladines caídos!
Nos ponemos en guardia, ¡escudos,
espaldar y el martillo bendito!
Resistid la hambruna de Saturno.

El alfil acuchilla en silencio,
se derrumban las torres en humo,
imposible el enroque del siervo
por salvar a su dueño del luto.

Se retuerce el combate del sino,
donde sombras y luz se acometen.
Carnaval de fantasmas dormidos
en eriales que buscan sus fuentes.

Voy royendo la risa del mal,
que, tocando su fin, se retuerce,
reconstruyo el camino final
despertando del sueño latente.

Son quimeras en la oscuridad,
busco discernir lo que es real,
no todo destino es un final.

Se han cambiado las reglas del juego.
Espantamos las sombras luchando,
encaramos el fin sin resuello
con la espada del sol en la mano.

En el páramo onírico luchan,
en perpetuos danzares nublados,
los recelos y amores que aúllan
por senderos de sueños infaustos.

Sempiterno combate vital
que absorbe esta aventura
que siempre, y digo siempre,
vuelve a empezar.

Los maestros

Muchos dicen que se aburren,
olvidando que le aguardan
en estantes polvorientos
grandes obras desterradas.

Nuestro maestro Cervantes
con su hidalgo don Quijote,
el retablo y Galatea
que nos cuentan sus pastores.

El gran Lope nos espera,
alentado, mortal, vivo,
con Fernán Gómez mostró
que hay venganzas sin castigo.

Con Francisco de Quevedo
te reirás a carcajadas
con sátiras y poemas
del Buscón y sus andanzas.

Garcilaso de la Vega
al oído nos susurra
que siempre podrá vencer
al sucio hierro la pluma.

Andaluces como Lorca
enseñan a amar con fuerza
frente a la hostil Bernarda Alba,
las bodas de sangre o en Yerma.

El apasionado Bécquer
nos clavará sus pupilas
amando en silencio mientras
regresan las golondrinas.

Al teatro nos volvemos:
«¡La vida es sueño!», gritaba
Segismundo encarcelado
por Calderón de la Barca.

Por los campos de Castilla,
viajaba por soledades
el gran Antonio Machado
con sentencias y donaires.

El preso Miguel Hernández
es un rayo que no cesa,
prisioneros de sus versos
del romancero de ausencias.

El profesor Unamuno
nos aleccionará en lengua
en su clase en Salamanca
o en su soberbia obra *Niebla*.

Defendía Gloria Fuertes,
desde aquella isla ignorada,
su poetisa de guardia,
junto a las tres reinas magas.

El doctor Pío Baroja
buscaba su senda cierta
y se encontró con las novelas
bajo el árbol de la ciencia.

Miau con don Pérez Galdós,
siempre será insuperable
con *Fortunata y Jacinta*
y *Episodios nacionales.*

El nobel Ramón Jiménez
en el exilio escribía
Platero y yo, Pastorales,
Olvidanzas y *Elegías.*

En Valladolid, Delibes
escribía a un destronado,
a *Los santos inocentes*
o al ingenuo y muerto Mario.

¿Buscas crítica social?
Te muestro a José de Larra
con don Enrique el doliente.
Mejor, ¡*Vuelva usted mañana*!

Con Santiago Posteguillo,
verás Roma y su grandeza,
Escipión, Julia y Trajano
son historias de leyenda.

Nos enseñó Ruiz Zafón
la Barcelona doliente,
sollozamos por Marina
y el misterio de Sempere.

Emilia Pardo Bazán
da la cuestión palpitante
desde los pazos de Ulloa,
y ni una gota de sangre.

Por los cantares gallegos
seguiremos caminado
en *follas novas* y el Sar
de Rosalía de Castro.

El intelectual Clarín
buscará el sermón perdido
de dos sabios y Regenta
o el señor Reyes y su hijo.

Caminaba Valle-Inclán
junto al ciego Max Estrella,
bajo luces de bohemia
su esperpento nos espera.

Como ves, siempre hay lugar
para vivir la aventura
junto a los grandes maestros
que escribieron en mayúsculas.

CUANDO YO ME HAYA MARCHADO

Cuando me llame el olvido,
cuando yo me haya marchado,
caminaré el recorrido
de los misterios vedados.

Cuando me llame el olvido,
cuando yo me haya marchado,
te susurraré al oído
los recuerdos del pasado.

Seré la brisa que meza
tus cabellos indomables
para borrar la tristeza
de estos mares insondables.

Volveremos a encontrarnos
en los desiertos oníricos
en donde poder mirarnos
y revivir besos líricos.

Cuando me llame el olvido,
cuando yo me haya marchado,
seré como el sol bruñido
que te adormezca calmado.

Cuando me llame el olvido,
cuando yo me haya marchado,
dejaré en la esquina un nido
para volar a tu lado.

En los cantos de un jilguero
oirás mi voz susurrada,
recordando que te quiero
pese a la muerte velada.

Bajo la lluvia y en sus gotas
al Bósforo he de volver.
Sentiremos la derrota
recordando aquel placer.

Cuando me llame el olvido,
cuando yo me haya marchado,
nos quedaremos dormidos
por los caminos pisados.

Cuando me llame el olvido,
cuando yo me haya marchado,
volveré en versos leídos
que te escribí enamorado.

Notarás que estoy contigo
cuando suenen las campanas,
pero yo te daré abrigo
al despertar la mañana.

La eternidad será corta,
recordando aquella guerra,
mientras nuestra alma soporta
los abismos de la tierra.

Cuando me llame el olvido,
cuando yo me haya marchado,
recordarás el sonido
de lo que hemos acallado.

Cuando me llame el olvido,
cuando yo me haya marchado,
regresaré embravecido
en nuestros cielos nublados.

Cuando lancen mis cenizas,
se acabarán los inviernos
y aquellas tardes plomizas,
porque siempre seré eterno.

Y volveré a ti volando
en la brisa de la playa
mientras el sol va asomando
detrás de las atalayas.

Cuando me llame el olvido,
cuando yo me haya marchado,
seré eterno si resido
y no me quedo olvidado.

Cuando me llame el olvido,
cuando yo me esté marchando,
de ti me habré despedido,
siempre te estaré esperando.

LOS TERCIOS

Valerosos son los hombres
que, en nuestra historia olvidada,
combatieron por la gloria
que con sangre fue ganada.

Entre espadas y mil picas,
formaban los batallones,
con el arcabuz cargado
y el orgullo en los pulmones.

Con los cueros y remiendos,
los chambergos y las plumas,
coseletes y morriones
lucharon entre las brumas.

Humaredas de cañones
los tambores repicando
y en las puntas de las lanzas
el sol muere suplicando.

Mil banderas y pendones
se plegaron a su paso,
pues los tercios combatían
desde el día hasta el ocaso.

Lucharon en Breda y Empel,
Gravelinas, San Quintín,
en Cagayán y Lepanto
y mil combates sin fin.

Defensores de la fe
y de los reyes cristianos,
lucharon en tierra hostil
y murieron por su hermano.

De la pérfida herejía
defendieron nuestra tierra
contra holandeses, ingleses
y franceses siempre en guerra.

Entre traiciones y engaños,
se enfrentaron a carroña,
defendiendo el tercio viejo,
la bandera de Borgoña.

Por el honor y la gloria,
se acuchillaron con saña,
pero el tercio grita al viento:
«¡Por Santiago y cierra España!».

La Santa Compaña

Bajo una luna de sangre,
se acobardaron los grillos
y se enmudece el enjambre
ante el rumor de los pinos.

Comienza el baile en las sombras
con el crepitar nocturno
cuando los muertos recobran
la vida con incienso y humo.

Los árboles se astillaban
con el susurro del nombre,
ya se acerca la Compaña,
que hará que el camino llore.

Procesión de condenados,
que, con mirada de muerte
y cuencas frías sin halo,
son muestra de su alma ausente.

Bajo el crespón de la noche
y una llovizna mezquina,
se perciben leves golpes
que en murmullos se deslizan.

Es un eco tenebroso
de los cantares gallegos,
que, por medio de estos ojos,
espantaron hasta al miedo.

Viejas meigas se ocultaban
de la romería oscura,
que, con sonrisas amargas,
mostraban dientes de agujas.

Con el brillo de los cirios,
se predice su llegada
en el cruce de caminos
de las almas condenadas.

Suenan campanas perpetuas
que vibrarán en el alma,
arrastrando la miseria
ante la Santa Compaña.

Van en busca de inocentes
que caminan distraídos
y confiados de su suerte
ante el invisible juicio.

Revolotean los cuervos,
picoteando los ojos,
dejando roídos huesos,
que estarán vagando solos.

Son espectros con sudarios
y en sus cuellos van colgadas
las reliquias del escarnio,
junto a las patas de arañas.

Deambula el condenado,
deshojándose la hortensia,
marchitada ante su paso
en las últimas exequias.

Las cadenas arrastradas
son un reclamo de muerte
de la trémula Compaña
y de su espanto creciente.

La arboleda se ha callado
y se ve el vapor del alma.
¿Lo escuchas? Se está acercando,
llega la Santa Compaña.

1898

Solo quedan las migajas
de lo que fue un gran Imperio,
solo quedan las mortajas
y el muerto en el cementerio.

No comeremos más hambre
que la derrota infligida,
la honra, valor o cochambre
más la humillación vivida.

En el calor de la guerra
se luchó con valentía,
desangrándonos en tierra
o muriendo en la bahía.

En las costas de Manila,
comenzará la derrota
mientras nuestro viento oscila
en el sentir del patriota.

En Cavite se prendió
las espigas del ocaso
y nuestra flota sintió
el aliento del fracaso.

En el puerto de Santiago,
arribaba la mentira
bajo el signo del halago
para callar la guajira.

Los insurrectos cubanos
a los yankis se abrazaron
y en alianza como hermanos
los cañonazos bramaron.

Explotó el corcel troyano
y a la España se culpó,
pues al pobre Imperio hispano
la desgracia golpeó.

La sentencia estaba dada,
se aprisionaron las garras
en la España descarnada
bajo el canto de cigarras.

Martí, Gómez y Maceo
liderarán la contienda
mambí, cimarrón y reo
gritando desde la hacienda.

El rugir de los machetes
desgarró la piel hermana
dibujando aquel sainete
de la rebelión cubana.

En la miseria surgieron
los soldados olvidados,
grandes héroes rugieron
al enemigo obstinado.

Luchó y murió en Caney Vara,
en Lomas, José Vaquero,
y vendieron su piel cara
entre pólvora y el acero.

El almirante Cervera
luchará con gran denuedo,
aun sabiendo que le esperan
los cañones en el ruedo.

Los enemigos venían,
su artillería bramaba,
las humaredas crecían
y las campanas lloraban.

Se hundió la armada española
bajo el hierro americano,
engullidos por las olas
con la bandera mano.

Con Cuba nos arrancaron
Puerto Rico y Filipinas,
con su pérdida dejaron
al Imperio hispano en ruinas.

Pese a que muchos mintieron,
nuestra gloria no se empaña
ni la de aquellos guerreros
que murieron por España.

Don Invierno

Don Invierno se fijó
en la joven Primavera
por su olor y su belleza
o el color de las praderas.

Ese hechizo le llevó
a fundir sus cordilleras
para apremiar su llegada
y terminar con su espera.

El Otoño le advirtió,
de manera muy severa:
«Primavera solo quiere
a don Verano y a su hoguera».

Don Invierno se prendió,
de muy buenas a primeras,
un zarcillo en la solapa
de su vieja perdiguera.

En la calle suspiró,
recordando la escollera,
donde el llanto se rompía
con la pena prisionera.

En su camino cogió,
entre las olas trigueras,
unas cuantas nomeolvides
que miraban la rivera.

Don Invierno se las dio
a su amada Primavera,
mas la joven ya llevaba
con más flores la pechera.

Desolado, se guardó
el rencor en la escalera,
en peldaños que llevaban
a una turbia madriguera.

De esta forma, despertó
remolinos de tijeras,
que era el frío que cortaba
como el pábilo a la cera.

Don Invierno percibió
una furia venidera
y solo encontró consuelo
en los ríos que maceran.

En las blandas rocas vio
finos peces que crujieran
el cristalino riachuelo,
produciendo tolvaneras.

Don Invierno se calmó
y pensó por vez primera
que su tiempo se acababa
cuando todo floreciera.

Alertado, se asomó
y miró por la aspillera,
despidiendo el fin de marzo,
observando la albufera.

Es ahí cuando alargó
su mirada a la vereda
para rozar con sus ojos
las flores de Primavera.

Harewey

Existió en un tiempo un triste rey
en un reino que ya fue olvidado.
Su nombre era el de sir Harewey,
y su enredo quedó silenciado.

No por la vergüenza del gentío,
sino porque ninguno advirtió
que su desazón y desvarío
le llevaron a lo que vivió.

Tenía un palacio de opulencia
donde en su biblioteca guardaba
mil volúmenes de antigua ciencia
y que en largas horas estudiaba.

Pero, pese a sus grandes riquezas,
el corazón del rey se afligía
cada vez que su real cabeza
en las dudas del amor le imbuía.

Desde su alta torre, imaginó
cómo sería de diferente
esa vida que tanto soñó
rodeado de anónima gente.

Pese a que nunca fue despiadado,
añoraba el calor de la plebe,
tampoco fue un pomposo obstinado;
pues no hay monumentos que lo prueben.

La sed de libertad lo movía,
saltaba en el pecho el corazón
cuando por la ventana veía
la forma de acabar su aflicción.

No saltando por ella al vacío,
él quería cambiar los papeles
que le otorgaron Dios y el gentío;
sin elegir él sus propios rieles.

Las cartas quedaron destapadas
cuando, en una nublada mañana,
con toda la guardia despejada,
se escabulló el rey por su ventana.

No sin antes arrancar una hoja,
a modo de amuleto ductriz,
una frase que aún lo acongoja:
«Un alma es libre cuando es feliz».

Así entonces el rey antes cautivo
del peso de su propia corona
comenzaba a sentirse al fin vivo
subido en una burra poltrona.

Llegó así a la que antes fue su aldea,
embotado en una manta gruesa,
tratando evitar que alguien lo vea
con intrigante mirada aviesa.

Entró temeroso en la taberna,
le quemaba por dentro la piel,
pidió algo para su boca inferna,
apagando su candente hiel.

Estaba feliz desconocido,
pues a nadie le preocupaba;
cuando ella le susurró al oído:
«¿De dónde vuecencia se escapaba?».

El frío estremeció sus entrañas
cuando su suave voz le rozó
lanzando las palabras guadañas
que en tristes pesares lo sumió.

«¿Eres fugitivo o un proscrito?
¿Quizá seas un pobre ladrón?
No lo eres, no veo el apetito
de quien tiene negro el corazón».

La dulzura que ella rezumaba
calmó su pulso y le respondió:
«¿Eres tú quizá lo que buscaba?»,
con tal respuesta ella enrojeció.

«¿Es un bufón que de mí se ríe?»,
dijo temerosa de aquel hombre
y él, evitando que desconfíe,
le pidió a la señora su nombre.

«Soy un hombre que había perdido
la esencia y el deleite por la vida,
mas con usted, señora, he sentido
estremecerse a mi alma cohibida».

El fulgor de su amor fue patente
y ella, escuchando la voz sincera,
arrulló su corazón doliente,
floreciendo en él la primavera.

Días más tarde buscó tareas
para nutrir su felicidad,
ya fuera una labor dura y fea;
bregando para alguien sin piedad.

Al fin en la madera fue diestro
construyendo su propio taller,
siendo ahora su propio maestro,
ya sin recordar lo que fue ayer.

Así fue la leyenda de un hombre
que buscó ser feliz lo primero
borrando de la historia su nombre,
pasando de ser rey a carpintero.

CUANDO EL VENDAVAL NOS LLEVE

Cuando el vendaval nos lleve,
anidarán los recuerdos,
en las esquinas del tiempo,
mientras se agrietan los cielos.

Cuando el vendaval nos lleve,
se enumerarán las muescas
de la supuesta grandeza
de la vida y sueños yermos.

Cuando el vendaval nos lleve,
se agitarán los caballos
por el borde de los vasos
y los huesos cacarean.

Cuando el vendaval nos lleve,
despertará el *rey de Harlem*
prendiendo fuego a las calles,
tiniebla en llamas que rielan.

Cuando el vendaval nos lleve,
cucarachas en los ojos,
cuatro jinetes a lomos
van gritando avemarías.

Cuando el vendaval nos lleve,
la vida se irá volando
bajo las rejas de esparto
y la luna blanquecina.

Cuando el vendaval nos lleve,
habrá flores en la playa
campando ahora a sus anchas
en sitios antes prohibidos.

Cuando el vendaval nos lleve,
se desnudarán las ramas
de la joven jacaranda
en el canto de los grillos.

Cuando el vendaval nos lleve,
adioses en la colina
de los gusanos y la hormiga
agitando los pañuelos.

Cuando el vendaval nos lleve,
se irán volando los peces
en las lágrimas que duermen
en el mar azul del cielo.

Cuando el vendaval nos lleve,
se desangrarán las parras,
para darle al tinto raza
en unos labios de sangre.

Cuando el vendaval nos lleve,
girará la rueca eterna
y los gritos de la tierra
revelaban su vejez.

Cuando el vendaval nos lleve,
lograremos contemplar
los destellos del final
en la muerte de la fe.

Cuando el vendaval nos lleve,
el crespón de la mañana
anunciará las pisadas
de los colosos derruidos.

Cuando el vendaval nos lleve,
regresarán los zorzales,
baileoteando elegantes
al susurro de los lirios.

Se está acercando el final
para ser polvo en la nieve,
pero todo eso será
cuando el vendaval nos lleve.

Estrellas extremeñas

«Aquí sí se ven las estrellas»,
es lo que ella me dijo
mientras sujetaba mi mano
y el viento mecía las hierbas
al canto de los grillos,
convirtiéndonos en dos gatos.

«Aquí sí se ven las estrellas»,
me dijo en la azotea
en el silencio de la noche,
donde la oscuridad se pliega
y los insectos reyan
mientras nuestros sueños confluyen.

«Aquí sí se ven las estrellas»,
me dijo ella tranquila
mientras me besaba la cara,
haciendo que mis penas duerman,
retrocando rechinan
y a su ocaso ella los dispara.

«Aquí sí se ven las estrellas»,
aquí en Valdebótoa,
donde me haces sentir muy vivo
en estas tierras extremeñas
en donde en mi corazón se ahondan
sentimientos de hogar cohibidos.

Verde, blanco y negro

Verde, blanco y negro.
Me marcho de mi ciudad,
donde todo hombre es vulgar.
Me alejo en lento trasiego
buscando mi esencia.
Verde, blanco y negro.
Voy por la yerma Castilla,
donde las encinas silban
y saludan los trigueros,
es la tierra regia.

Verde, blanco y negro.
Llego a frondosas praderas
en cuyas gloriosas tierras
partieron bravos guerreros,
tierra del honor.
Verde blanco y negro.
Por caminos pedregosos,
vitales pasos angostos
y amenazadores cerros,
encontré el amor.

Verde, blanco y negro.
De sus tupidas veredas,
de sus ibéricas betas
y sus oscuros cabellos.
Ingente hermosura.
Verde, blanco y negro.
Los colores de la vida
que mi camino ilumina,
que hace en la tierra mi cielo:
mi querida Extremadura.

LAS FLORES MUEREN EN SILENCIO

Susurra secretos el bosque viejo
de amantes que se buscan escondidos,
recorriendo los caminos añejos
bajo el sol de atardeceres bruñidos.

Deseosos recorren los senderos
en los que enmascarar su amor al mundo,
sin ser vistos por los muchos arrieros
que a sus bestias azotan iracundos.

Con sigilo se encuentran en un llano,
sus miradas se perfilan esquivas
mientras su corazón campa lozano
y los miedos gritan a la deriva.

Ágilmente sublimaron su amor
pasando de las caricias al fuego.
Lo que empezó como un leve rumor,
se convirtió en un grito sordo y ciego.

Ruidos apasionados en la noche,
que, acalorados, la inocencia hieren,
luchan porque ni un beso se derroche
mientras en silencio las flores mueren.

Escondidos en la oscura espesura,
se humedecieron sus cuerpos desnudos,
en tanto que descubren sus figuras
amordazando los gemidos mudos.

Zarparon a los mares del placer,
perdiéndose en los pliegues de los sueños,
que profundizan la esencia del ser
y desbordan los latidos sin dueño.

A aquellas embestidas desbocadas
le siguen llantos de su intimidad.
Donde habitan las palabras atadas
al secreto de la realidad.

Nublado se ve el reflejo vital,
pues lo que hoy son sonrisas de ventura
mañana será un llanto sin final
cuando el sino revele su negrura.

Anudan los dedos en sus cabellos,
buscando atrapar el raudo momento
en el que su amor en ese destello
meza sus almas a través del viento.

Poco a poco se van desperezando
mientras orilla este último minuto
en el que ven cómo se va pintando
un futuro ensombrecido de luto.

Estamentos sociales diferentes
marcan el abismo por nacimiento,
él, un campesino casi indigente
y ella, una joven princesa de cuento.

Pena y desolación en despedidas
con regustos amargos de frialdad
donde la fortuna les fue fallida
y adioses que saben a eternidad.

Advirtió la partida de su dama
y, aunque verá en el cielo mil estrellas,
en su corazón siempre habrá una llama
porque ninguna brillará como ella.

AMOR INCONFESO

I

Amor, pasión, un solo corazón.
¿Aún hay quién duda qué es el amor?
A veces son el placer y el dolor.
Amor, pasión, una sola emoción.

Nervios y anhelos me dan la razón.
¿Qué sentí al verte con tal estupor?
Noté el cielo cambiando de color,
nervios y anhelos, tú, mi tentación.

Tú despertaste el amor silencioso,
inconfesable pasión y tormento,
algunos pensarán que es pernicioso.

Aun así, lanzo al aire un lamento,
fundir todo ello sería precioso,
pienso que te quiero y sé que no miento.

II

Llorando al desamor las noches paso,
inseguro a mi corazón respiro,
el dolor de mi alma suelta un suspiro,
derrumbándose mi ser al fracaso.

En los pulmones el aire es escaso,
en mi mente tu sonrisa revivo,
con mis sábanas me siento furtivo
y escondido tu silueta repaso.

Tumbado en la cama me acecha el miedo,
burlando mi alma que llora al despecho,
dibujo tu cara mirando al cielo.

Me río al desengaño del provecho,
sin dudarlo, rozaría tu pelo,
para sentir el amor en mi pecho.

III

Durmiendo, me imagino una aventura
y, aunque alegre surco por la mesana,
naufrago en los mares de la desgana,
sumergiéndome en un mar de locura.

Arribo a la orilla de la amargura,
esta inmunda soledad me amilana,
pero tu dulce sonrisa me sana,
inolvidable, pues, es tu hermosura.

Construyendo valiente una barquilla,
luchando contra un mar embravecido,
consigo escapar de la pesadilla.

No despierto y, sin darme por vencido,
recuerdo la cara de la chiquilla,
evitando caer solo al olvido.

IV

En este mar azul interminable,
vence el desasosiego, la pereza,
los suplicios, el llanto y la torpeza,
de pie, busco algún viento favorable.

Enfurecido ante lo insoportable,
sentí miedo a olvidar tu belleza;
enloqueciendo, perdí la cabeza,
lanzándome a la desgracia imparable.

Arrullado por olas de tormento,
me ahogaba la viva oscuridad,
asfixiándome al final de mi tiempo.

Creí morir en la profundidad,
sobresaltado y sin aire despierto,
a solas pienso con dificultad.

EMPEZAR LO TERMINADO

Mirar el tiempo que viene,
dejar atrás el pasado,
buscar lo desconocido
y sentirse enamorado.

Mirar tus oscuros ojos,
empezar lo terminado,
besar tus rosados labios,
terminando lo empezado.

LOS SENTIDOS

Oler los sabores,
mirar el tejido,
oír los olores.

Tocar el sonido,
probar los colores,
eso es ser querido.

ANSIA COBARDE

Yo, un cobarde con anhelos vacíos,
tú, mi amor ciego para varias vidas,
luz de un faro en mis miradas perdidas,
princesa de mis sueños prohibidos.

Sastre de un corazón con descosidos
y órbita de mi planeta suicida,
yo siendo un barco que va a la deriva
tú, mi vela en vientos embravecidos.

Con el néctar de tus labios sin dueño
y en mis oídos que resuenan pianos,
no quiero despertar de cada sueño.

Luz radiante del sol de mil veranos,
enamorado está tu madrileño,
esperando la magia de tus manos.

El fantasma del mar

Envidian los poderosos
mi libertad y camino,
pues navego en mi destino,
soy capitán de un navío.

Tesoros, furcias y el mar,
con el trapo a toda vela,
mis deseos nadie niega
y me escapo al mar bravío.

Ellos vienen a buscarme
y, bramando mil cañones,
forjarán nuevas canciones,
contando mi gloria y vida.

Alzándome a la desdicha,
no me vencen en batalla,
pues la muerte nunca me halla
y temerán oír mi risa.

Al tiempo que el trapo se hincha,
el vigía grita «Tierra»,
desentierro entre las fieras
mis tesoros escondidos.

Mas ser rico no me importa,
pues, soltando el aparejo,
surcaré mi mar de espejos
y sin verme me han perdido.

Soy

¿Qué soy si el amor se marcha?
Soy la hiel y su amargura,
soy la noche más oscura,
soledad en el gentío.

¿Qué sigo siendo aún sin ser?
Soy de un libro una hoja rota,
soy el filo de una copa,
soy la pena y el hastío.

¿Qué soy si el amor se marcha?
«El dolor de un mal sueño»,
soy un ciego madrileño,
soy un ser sin corazón.

¿Qué sigo siendo aún sin ser?
Un corazón descosido,
soy los besos del olvido
o el que perdió la razón.

¿Qué soy si el amor se marcha?
Soy la bomba y la metralla,
soy aquel que siempre falla
y un desdibujado azul.

¿Qué sigo siendo aún sin ser?
Soy tu velamen sin viento,
un beso sin sentimiento
o un seco y viejo abedul.

¿Qué soy si el amor se marcha?
Soy nuestra cama vacía,
soy aquel al que mordías,
soy la religión sin fe.

¿Qué sigo siendo aún sin ser?
«Un cigarro mojado»
o una lanza en el costado.
Soy aquello que no sé.

¿Qué soy si el amor se marcha?
Soy un esclavo que sueña,
el que se abrasa en la leña,
soy los besos que no di.

¿Qué sigo siendo aún sin ser?
Soy la flor que se marchita
o el hacha que decapita.
La inocencia que perdí.

¿Qué soy si el amor se marcha?
Soy un verso sordo y muerto,
soy las redes de un mal puerto,
como una historia sin fin.

¿Qué sigo siendo aún sin ser?
Soy estatua sin cabeza,
soy aquel con quien tropiezas
o el cañón de un bergantín.

¿Qué soy si el amor se marcha?
«La luz y la bohemia»,
soy el miedo que te adueña
o los besos que no das.

¿Qué sigo siendo aún sin ser?
Soy la cera que se funde
o la tormenta que te hunde.
Yo soy eso y nada más.

Deambulando sin luz

Entristecidas las almas
de aquellos hombres perdidos,
que, entregados al olvido,
deambulan con desgana.

Por las barras de los bares,
van ahogando sin sed
de rodillas en altares
y que arrullan la vejez.

Mas el destino se vuelca
cuando el amor aparece,
los corazones retruecan
y la oscuridad decrece.

Como una luz que ilumina,
que, recorriendo mis venas,
va aligerando mis penas
cuando a mi lado camina.

El alma hervir

Si me niegas tus besos,
me arrastro por los suelos
y los cristales rotos
rallan todos mis huesos.
Y tus ojitos rojos,
cargados de veneno,
me mandan a la mierda
con los demás despojos.

Sé que valgo bien poco,
sé que no valgo nada,
mas sé que esta miseria
solo es agua pasada.
Mi corazón de nuevo
se llena de emociones,
dejando mi pasado
en el estercolero.

Si no son de tus labios,
yo no quiero más besos,
de esos sin sentimientos,
de los que dejan tieso.
Que solo me entretengo
jugando entre tu pelo
y, si no estás conmigo,
todo se me hace eterno.

No puedo a mis temores
ni tampoco a los celos,
yo quiero tus abrazos,
no quiero más consuelos.

Que yo te quiero a ti
y que tú estés conmigo,
no quiero más desiertos
en los que el alma hervir.

La luna 14/11/16

Esta luna me susurra a escondidas
que me marche ocultándome en sus sombras,
atravesando su lóbrega alfombra
y los reflejos de su luz teñida.

Dice que rehúya de las estrellas,
pues me guiarán a los tristes caminos
donde se halla lo malo y lo divino,
son aquellos en los que el alma mellan.

¿Será posible sin ellas guiärse?,
el manto oscuro sobre mí se cierne,
pero ella sonríe resplandeciente

como una madre sin amedrentarse,
dejaré que sea ella quien gobierne
mi velero en la oscuridad latente.

Darío

De ti me separan, amor mío,
pues el lobo de la guerra me llama,
mi corazón de tristeza se inflama
y de mis pupilas brotan ríos.

Si allí me fuera esquiva la suerte
y en la oscuridad me hallase perdido,
buscaría tu candil encendido,
logrando así escapar de la muerte.

Pero, si no lo consiguiera
y la parca me llevara consigo,
guarda siempre mi recuerdo al abrigo
de aquel olvido en el que cayera.

En un mar de pena me diluyo
y siento que mientras escribo muero,
por eso grito un último te quiero.
Con amor, Darío. Siempre tuyo.

SUEÑOS

Me destrozo la cabeza
de dormir a trompicones
escapando a la tristeza,
perdiéndome en la maleza;
de estar hasta los cojones.

Alaridos de las fieras
que rondan por mi almohada,
bandolero de rameras,
vendaval de primaveras
y en tus noches una arcada.

Esas fieras que me acechan
y en mis sueños veo abismos
que a mis anhelos desechan,
envilecen y recechan,
esos monstruos soy yo mismo.

En mis noches de desvelo
todavía hay algún sueño
en los que voy por el suelo
para acariciar tu pelo,
ese que no tiene dueño.

A esos sueños yo me aferro
porque a mí me dan la vida,
abandono mi destierro
por esos desiertos de hierro,
evitando mi caída.

Remolinos existenciales

Parece que ya despunta el sol en la ciudad
y se asoma en la ventana,
empujando a la luna y las estrellas,
que se mueven con desgana,
dejándola desamparada y en soledad.

Ahora empieza a llover puro hiel en los rincones,
como los besos de sapos
de esos sucios que te van dejando huella,
que te dejan hecho harapos
y desuellan tu inocencia y hasta tus riñones.

Ya no se escuchan a los pequeños en las calles
o jugando en las plazuelas,
van quemando las tardes en sus casas
y viviendo de la abuela
como los peñascos que se estrellan por los valles.

El cielo encabronado comienza a retronar,
se enfurece y relincha;
en donde se arremolina, lo arrasa,
así tu alma se deshincha
como las pasiones ahogadas en la mar.

La bóveda lúgubre

Afuera llueve,
pero dentro llueve mucho más,
un dolor que crece,
pero que sé que no vencerá.

Parece escampar
y, sin embargo, llueve más fuerte,
el cristal se empaña
igual que mi sudorosa frente.

Es un camino
empedrado, oscuro y cenagoso.
Nadie va conmigo
en la negra boca de este pozo.

Sigo mi paso
y me asomo a unas verdes vidrieras,
me arriman el cazo
y una reluciente pitillera.

Sucia sonrisa
que ante mi figura se dibuja
de dientes en ristra
y que agudas carcajadas bufa.

Viejo diablo,
mi triste reflejo tenebroso
me lleva al ocaso,
se agita y me agarra en un escorzo.

Rufián bufón,
que araña y va carcomiendo mi alma.
Un fuego estalló,
desplomando al canalla en la barra.

Se irguió de nuevo
este gigante embotado en humo,
impasible al tiempo,
como el húmedo y verde musgo.

¡Fortuna esquiva!,
que, chasqueando, desaparece
como la leve brisa
que en terrible huracán se convierte.

Este coloso
que me arruina y apaga mis luces,
dejándome solo,
mientras que la oscuridad me consume.

Estos abismos,
que, profundos, se abren en mi copa,
donde no consigo
más que llorar por mi vida rota.

Se enciende una luz
que va dibujando siluetas
en un triste azul,
como los vuelos de las abejas.

Nadie me observa,
todos me reniegan la mirada,
almas que se agrietan
porque ven cómo los días pasan.

Nada arrecia,
las mugrientas paredes se vencen,
la parca se acerca
y las nieblas sobre mí se ciernen.

Se dan la mano
ambos monstruos y rompen a reír.
Humo de tabaco,
siento mis pies avanzar sin mí.

Ambos me arrastran,
me siento dócil y adormecido,
mis pasos no paran
hasta presentarse en su camino.

Absorben mi alma,
siento diluirme en la oscuridad,
ya nada me salva.
¿Es que nadie me va a querer ayudar?

Debilitado
y malherido caigo al vacío.
Creo que estoy a salvo,
pero dejando tras de mí un rastro.

Triste soledad
que ante mi figura se presenta
y en su copa libar
ahogándome en su naturaleza.

En esos setos
nadie me mira desde la barra.
Yo que odié el gentío
y ahora busco sus tristes miradas.

¿Pero qué ocurre?
Ya no hay suelo bajo mis zapatos,
todo se consume
y se dibuja un camino a zarpazos.

Veo un destello,
siento una fresca brisa en la cara
y un suave olor al viento
como el de su perfume en mi cama.

La podredumbre
retrueca a su ocaso y se marchita.
Esta luz los funde
como el fuego quema a una cerilla.

¡Cristales rotos!
Se derrumba un mundo de tristezas
velando las nubes
que ocultaban mis verdes praderas.

¿Quién me ha salvado?
¿Quién navegó en mis mares de condenas?
¿Quién se lanzó a mi barco
aun teniendo rotas todas sus velas?

Luz cegadora
que regaste de gloria mis sueños
y este mar sin olas
agitando todo con tus vientos.

Tú, solo tú,
que agitaste los férreos cimientos
de Belcebú
y los infiernos que mi alma mordieron.

La luz es débil
y se va diluyendo ante el mal,
hacen que se agrieten
como el cielo que llora al volcán.

Vuelan los buitres,
husmean la carnaza servida.
Su plumaje exhiben
como los embusteros sofistas.

Cielo quebrado
por el guardián de la luz perpetua,
rodean los flancos,
son relámpagos que nos apresan.

Miran rabiosos
el engendro humeante y la parca.
Impacto sonoro
como el crujir de las secas ramas.

Choque fugaz.
Todo se ha esfumado, no hay nada.
Solo oscuridad,
mi guardián, ya no veo tus alas.

TRABAMACHADO

Caminante en mi camino
caminando por la arena
en caminos de mil penas
caminando sin destino.

Mis destinos alejados
son caminos de destierro
destinado a ser un perro
mis destinos olvidados.

Olvidando lo vivido,
se me olvida lo que amé,
no recuerdo lo que sé
y me olvido lo que he sido.

Desterrando mi camino,
caminando en el olvido,
olvidando lo mezquino,
todo está descolorido.

EL RITMO DE LA POESÍA

Cuenta, cuenta
moviendo los dedos;
sueña, sueña
rompiendo los cielos.

Nada queda,
si de contar paras,
ya se quiebra
el ritmo que cantas.

Ahora arde
como fuego en llamas,
ya se sale
y no queda nada.

Sigue y junta,
no pierdas la calma
como espuma
que brota en la playa.

Ya se quema
la imaginación
en la mesa
ya suena el tambor.

¿No lo sientes?
Lo toca la luna
y los duendes;
la noche murmura.

Ya no para
el ritmo poético
cómo canta
aquel viejo clérigo.

¡Chico, cuéntalo!
Suma con los dedos,
rompe el témpano
e inicia el deshielo.

Se calienta
y la rima estalla,
con violencia,
sin errar la pauta.

Quieto ahora
y cierra la puerta,
no lo rompas
ya empieza una nueva.

¿Es que no oyes?
Las puertas cerradas,
pega coces.
¿No sientes su magia?

Poesía,
belleza naciente,
cosa fina
y que fuerte medres.

Esperpento,
irrisión, belleza,
un deshecho
o quizá una fiesta.

Capitulen
los dedos que cuentan,
que ya fluyes
rompiendo la cueva.

Toca, toca
el ritmo bailón.
Ellos chocan
en festival son.

Marca el pulso,
el dedo en la mesa
como el humo
de una extinta vela.

Pulsa, pulsa
uno, dos, tres, cuatro.
Ya se embrujan
como un negro gato.

Indomable
es la rima sola,
ella se abre
para quien la doma.

Nada queda
dentro de la cabeza
se proyecta
el alma del poeta.

LOS SUSPIROS QUE TIENTAN

Hay momentos que el amor
solo puede suspirarse,
para perderse en los ojos
y en el deseo encontrarse.

Tú de muerte me has herido,
pues otro corazón tejes.
Amándonos en secreto
mientras besamos herejes.

Quiero ocultarme en la noche
bajo un árbol y sus ramas
para encontrarme contigo
y naufragar en tu cama.

Tú me has enseñado a hablar
tan solo con la mirada,
que contiene mucho más
que mis palabras veladas.

Sentimos la peor muerte
cuando se produce en vida,
bajo suspiros que tientan
en caminos sin salida.

Se trazaron las fronteras,
pero aún te sigo amando;
mientras, te escribo los versos
que te irán de contrabando.

Los hijos de Caín

Con su llegada quebraron
los cielos y los infiernos,
cubriendo todo de invierno;
era el principio del fin.
Siempre en la historia estuvieron
escondiéndose en las sombras,
sordos murmullos los nombran;
son los hijos de Caín.

Blancos, negros o amarillos,
tienen una piel cualquiera;
mas tienen el alma negra,
tan negra como el carbón.
Presidentes y mendigos,
empresarios y abogados;
están por todos los lados.
No hay posible rendición.

Caín tenía una marca
que mostraba su vileza,
esta hendía su cabeza
con la rúbrica de Dios.
Ellos también la poseen,
invisible a nuestros ojos,
velado bajo un cerrojo;
ocultos en el trasdós.

Es un mundo de monstruos
que ellos dirigen,
siendo inmunes a todo.
El mal se erige.
Nada quedará si no luchamos,
¡nos engullirán!,
si no nos juntamos…,
los hijos de Caín vencerán.

Dios permanece callado…,
ya no creemos en nada.
Pero con el alma hinchada
volveremos a rezar.
¡Dios mío, a usted le ruego
sálvenos de usar las armas,
prendiéndoles como tarmas,
para podernos salvar!

No hay respuesta a la plegaria;
pero usaremos su signo
para vencer al maligno
como antes se combatió.
¡Usa la espada, templario!
Pues el choque se aproxima
y haz que con tu obra reprimas
la sombra que se extendió.

LA ESTRELLA RUTILANTE

Mi brújula está rota,
no sabe dónde apuntar,
si a los lejanos mares del sur
o a mis abismos sin piedad.

Mi brújula está rota,
no sabe por dónde va.
Seguiré navegando sin rumbo,
navegando a cualquier lugar.

No hay derrota, ni terruño
ni señales en el cielo
o faro que consultar,
pues los mapas están mudos,
pero en la noche del fuego
su estrella empezó a brillar.

Mi brújula está rota
y no para de gritar.
Ahora mi estrella rutilante
ha comenzado a chispear.

Mi brújula está rota,
me lleva a mares remotos,
donde será fácil naufragar
y las penas cantan a coro.

No hay derrota, ni terruño
ni señales en el cielo
o faro que consultar,
pues los mapas están mudos,
pero en la noche del fuego
su estrella empezó a brillar.

Mi brújula está rota,
se van marchando mis miedos
porque ella me volvió a contemplar,
rellenando mi pecho hueco.

Mi brújula está rota,
no la necesito ya,
pues esa estrellita me va guiando,
me va guiando por este mar.

Las veinticuatro horas

Uno de tantos se entristece
cuando dos pájaros le cuentan
que en tres horas amanece
y solo cuatro ha dormido.

«¡Cinco minutos!», alguien grita
en seis casas diferentes
mientras siete alarmas pitan
en ocho calles neblinosas.

Nueve bebés lloran desconsolados
y diez semáforos controlan
once cruces anudados
por la avería de la línea doce.

El trece siempre invisible
en los ascensores de catorce edificios
de quince trabajos terribles
que tienen dieciséis personas deprimidas.

Diecisiete casos de suicidio
tras dieciocho meses de trabajo
y diecinueve actos de homicidio
bajo veinte farolas rotas.

Habrá veintiuna sonrisas fingidas
de veintidós desconocidos
a veintitrés almas hundidas
cada veinticuatro horas del día.

El tren

Una elevada humareda se observa
subiendo para bailar con la aurora,
proyectando su figura en la hierba
del aliento de la locomotora.

Recorrió las montañas y los ríos
galopando por la senda oxidada,
y se despiden los viejos y críos
dejando atrás su huella plateada.

Duerme tranquilamente en su estación
esperando a que llegue el pasajero
que le agite de nuevo el corazón.

Pero el tren elegirá su sendero,
y trazará una nueva dirección
para no regresar nunca en enero.

LOS JINETES DEL VIENTO

Un joven jinete cabalgaba
y notó por la seca pradera
cómo los árboles se encrespaban
ante el rugido de un fuerte viento.

Unas nubes oscuras quebraron
arrojando una tronada brusca
y el barniz del cielo despertaron
al vaquero ingenuo de la estepa.

El rebaño se alborotó inquieto
por el aullido del cielo ralo
y el joven con la brida fue a un seto
para calmar al potro asustado.

Comenzaron a escapar las reses
en una estampida desbocada
y prendió el jinete los arneses
para tratar de frenar la marcha.

Su pelo el miedo había erizado,
ensangrentado sus mansos ojos
y sus cuernos antaño astillados
son ahora puñales infaustos.

Fantasmagóricas galopadas
de tiempos antiguos y olvidados
tronaron risas y carcajadas
hendiendo las laderas cercanas.

Cogiendo el fusil y las pistolas,
erró el joven sus tiros al aire;
viéndose completamente a solas,
un sudor frío invadió su nunca.

Sintió en él crecer el valor
para afrontar lo desconocido
pese al incuestionable temblor
que emitían fantasmales cascos.

¿Quiénes son los espectros ocultos?
Que convirtieron por miedo a un crío
en un confiado y valiente adulto
que vagará en las planicies solo.

Ellos son los jinetes del viento,
que habitaron un tiempo pasado
atrapados en ese momento,
viviendo a lomos de sus caballos.

El Cid

Nacido al calor de Burgos,
se forjó pronto soldado
y al servicio de don Sancho
fue el guerrero más osado.

Desde joven aferró las armas
y duramente entrenó,
destacando la bravura
que la mesnada en él vio.

Siguiendo al infante Sancho,
defenderá Zaragoza
del ataque de Ramiro
y a cuyas tropas destroza.

En Llantada y Golpejera
se enfrentará por su infante
a parientes y herederos
de una corona vacante.

Pero se torcerá todo
en el camino a Carrión,
pues se unieron enemigos
para forjar la traición.

El Cid no pudo evitarlo,
Sancho esa noche murió
atacado por la espalda
por la lanza del que huyó.

Vellido clavó la lanza,
pero fueron los hermanos
quienes fraguaron la trama
a través de aquellas manos.

La caída del infante
le otorgará el trono a Alfonso,
apoyado por Urraca
sin respetar el responso.

El Cid, encolerizado,
apuntó al nuevo monarca
acusando de traición
de asesino del jerarca.

El rey tuvo que afirmar
ante toda la platea
que no traicionó a su hermano
jurando en Santa Gadea.

El rey Alfonso, enfurecido,
lo amenazó con el hierro
y el Cid marchó con sus hombres
al primer triste destierro.

UN LUGAR SEGURO

Recuerdo aquel lugar
en el que no hacían falta escudos
para defender el castillo del alma.
Donde el agua mojaba más
y la luz brillaba con fuerza,
tumbados cruzando las miradas
sin pedirle tiempo al tiempo.
Allí donde los miedos eran dibujados
en el vaho de las ventanas teñidas
para borrarlos con el codo riendo,
sintiéndonos invencibles.
Llévame allí, cariño,
llévame a casa.

El Hotel Paraíso

No sé ni cómo ni por qué,
en mitad de un suspiro de la existencia
llegué a las puertas de aquel lugar,
el Hotel Paraíso.

Un hombre con la nariz más grande que el cuerpo,
del que colgaban innumerables llaves,
me recibió al grito de: «¡Estamos llenos!»
mientras me miraba desde la garita.
Me dijo que en el sótano siempre hay sitio
y que se está muy caliente en ese lugar,
que, si tenía alguna queja,
fuera a hablar con el director del Hotel.
Pregunté dónde encontrarlo
y me dijo en el despacho del último piso,
así me dirigí al ascensor que había
apoyado en la escalera.

«Al último piso, por favor», dije al ascensor
y este me respondió:
«Solo llego hasta el piso doscientos cuarenta y seis,
el resto tendrás que hacerlo a pie y en tren»,
por lo que subí en él.
El ascensor cerró sus puertas,
se puso de pie y comenzó a subir
por unas deslumbrantes escaleras.
En el balanceo de su caminar,
vi tras sus cristales
la forma de aquel hotel.

Cada piso se sucedía al otro
a través de escaleras que entraban y salían
hacia corralillos interiores,
dejando numerosas ventanas en sus balconadas.

Bajé en aquel alejado piso
y, sin decir adiós, el ascensor se marchó,
ante mí se presentaba una platea
con un espectáculo impreciso.

Una muchedumbre gritaba
ante el paso de un cartero que se dirigía a la estafeta,
repartió sobres a todos los presentes,
que debíamos entregar a otra persona,
pues el remitente cambiaba.
En mi carta ponía «Nadie»
bajo la dirección «Ningún lugar»
y dentro del sobre no había nada,
sorprendido, se la entregué a otra persona,
que miró el sobre y lo abrió, leyó unas líneas que aparecieron
y dijo: «¡Ah, todo tiene sentido!».
No entendí nada.

Seguí subiendo escaleras
y vi a un dragón muy relajado
que echaba humo a borbotones por su nariz
mientras unos conejos en pantalones bombachos
masajeaban sus escamas.
A lo lejos vi un concierto de ópera para sordos
mientras en lenguaje de signos
unos elefantes se esforzaban
por hacerse entender.

Avancé al siguiente piso y vi a un sabio,
un anciano con una larga barba
que abarcaba toda la estancia
y sobre él revoloteaban unas mariposas y polillas
en una hipnótica danza.
Me acerqué a él y me dijo:
«Uno encuentra lo que busca»,
yo respondí que no buscaba nada
y el anciano enfureció, lo que provocó
que las polillas se prendieran en fuego
y las mariposas se marchitaran.

Hui de allí al siguiente piso,
donde una serpiente emplumada me empujó,
un señor con grandes anteojos se disculpó
mientras sujetaba una bandeja sobre la que estaba lloviendo
y se presentó muy formalmente
«Soy Tláloc,
disculpa a mi amigo Quetzalcóatl,
está enfadado porque no le han traído
su sirope de menta».

Más adelante vi un viejo olmo enfadado,
que agitó sus ramas rabioso
lanzando sus hojas al aire
que se convirtieron en murciélagos,
que, en encarnizada lucha, perecieron
frente a veinte águilas, siete búhos y un cuervo,
que eran los guardianes del viento.
A lo lejos vi a mi abuelo
haciéndome señas de que fuera más despacio.

En el siguiente piso me encontré
con Jesús y Mahoma riendo a carcajadas,
señalando a un grupo de papas, rabinos e imanes
que discutían acaloradamente.
A su lado, un grupo de budas
les hacían signos obscenos con los dedos
y les sacaban la lengua
mientras un gato egipcio paseaba indiferente.

Me encontré poco después con una larga fila de personas,
hacían cola para atravesar el cerco de una puerta
sobre la que se leía «Reencarnación».
Un hindú la atravesó y se convirtió en un gusano,
me miró desde el suelo y me dijo:
«Es lo justo», y se marchó arrastrándose.
Una muchedumbre de hombres musulmanes
gritaba exaltada
porque no les habían dado lo que les habían prometido
por su martirio.

Un grupo de cocodrilos huían
de negros liderados por un rey engalanado
que los azuzaba con unas cucharas.
Un enorme barco apareció en el salón,
tripulado por pulpos, tiburones y peces espada,
gritaban que se habían perdido
porque alguien había apagado el faro.

Subí al tren que me llevaría hasta el último piso,
este desplegó sus remos
y comenzó a navegar por el camino de rieles
que serpenteaba hacia el infinito.

Un dragón alado nos adelantó a toda prisa
gritando que llegaba tarde a custodiar una torre,
un gato con diez patas y cien colas
dormía sobre la locomotora indiferente
al oleaje de la tierra.

«¡Última parada!», gritó un hombre con cabeza de chacal,
«Pluriempleado me tienen», me confesó.
Bajé al andén y al fondo vi una simple puerta blanca
con el letrero «El director».
Tragué saliva, me acerqué y extendí la mano hacia el pomo,
tras la puerta, se escuchaban risas,
llantos, oraciones, alaridos, el bramido de un tren,
un plato rompiéndose y una rana croando.

Armado de valor cerré el puño,
abrí la puerta y no encontré nada.

ENCINA

Suenan sus finos tacones
como reclamo de guerra
donde gruñen los tambores
ante la confusa niebla.
Con su mirada de fuego
se derritieron mis ojos,
convirtiéndolos en cebo
para los hambrientos lobos.
En una noche de junio
se incendiaron con los besos,
comenzando así el preludio
de un continuo bombardeo.
Bajo la luz del lucero
desbarataron el sino
y surgió un amor eterno
zurcido con fuertes hilos.
En la humedad de sus labios
alenté a mi corazón
a soltarse de los gladios
para buscar su calor.
De la tierra de la encina
me arrulló con su aire fresco
insuflándome la vida,
llenando un corazón hueco.

La sonata de Samara

Las leyendas marinas recuerdan
los sonidos de un llanto perdido
donde el fuego bailando refleja
los destellos de un amor maldito.

La sonata de aquellos amados
que estarán condenados por siempre
a encontrarse cada fin de mayo
hasta que ambos hallen la muerte.

Se recuerda por todo el océano
y en las olas se escucha el cantar
de la doncella del archipiélago
y el marino cegado de mal.

Caracolas que charlan curiosas
y en los faros relucen los llantos,
en los barcos repiten la historia
de la vil hechicera y su engaño.

Robert fue un marinero valiente,
navegaba buscando fortunas,
empezando en la mar de grumete
hasta someterlo a su figura.

Con el fin de volverse inmortal,
preguntó por la bruja Sidonia
para su ego poder aumentar
y clavar su bandera en la historia.

La hechicera propuso un tributo
como pago de la eternidad,
mas había un secreto en su rumbo,
pues Sidonia lo amó sin cesar.

A través de un acuerdo secreto,
dejaría de ser inmortal
con un frasco de negro veneno
que el marino debía ocultar.

Cada mes le entregaba el tributo
en monedas, coronas y joyas,
adornando su cuerpo desnudo
y danzar con euforia en las olas.

Pero Robert sintió que creció
un amor inocente por dentro,
a la bella Samara avistó,
alterando en sus velas el viento.

Visitarla el marino quería
y el impuesto dejó de pagar,
a Sidonia ese amor le dolía,
importándole menos el mar.

En sus ojos la bruja vio el fuego,
una hoguera de amor silenciosa
que empezó siendo un ascua primero
hasta ser la tormenta que explota.

El rencor consumía a Sidonia,
que tramó su venganza secreta
con el fin de acabar con su historia,
que creará esta balada eterna.

La hechicera maldijo a los jóvenes,
pues destruir su romance buscaba
y, aunque Robert rogole «¡perdóneme!»,
a Sidonia ya nada le calma.

El marino debía buscar
en el otro rincón de la tierra
un lirio de belleza sin par
y volver con la joven doncella.

Así transcurrió el tiempo danzando,
navegando a favor con el viento,
para encontrarse una vez por año
y fundir el océano y el cielo.

Torturaba a Sidonia su amor,
pues frenarlo intentó, mas no pudo,
emergiendo en su ser un ardor,
y dejó a Samara sin rumbo.

Ocultó su figura en las sombras
y, ayudada de un cruel asesino,
ataron a Samara a una soga
para hundir en su pecho un cuchillo.

Le colgó en la pechera un collar
fabricado con conchas marinas
y así el joven pudiera encontrar
el motivo de su pesadilla.

El marino navegó hasta a su isla,
rastreó sin cesar, el amado,
hasta hallar a Samara sin vida
ahorcada en un acantilado.

El cuchillo seguía prendido
y la soga apretaba su cuello,
mas el joven se atizó un pellizco
y poder despertar de aquel sueño.

Sobre el pecho observó la sortija,
atrapando el mensaje dejado
y jurando con furia furtiva
someter la mar bajo su mano.

La venganza lanzará al marino
a los mares profundos del mundo,
entonando los himnos malditos
y empuñando la muerte en su puño.

Persiguiendo a la bruja en los mares,
se encontró con marinos bellacos,
sin piedad los ahorcó del cable,
ya fueran piratas o soldados.

Con el paso del tiempo encontró
a la bruja Sidonia escondida,
con la espada su cuello cortó,
esparciendo su sangre en la orilla.

Su venganza el marino cumplió
sin hallar ningún tipo de alivio.
Sus entrañas oscuras sintió,
pues seguía viéndose vacío.

Con el tiempo escudriñó el cantar,
evocando a su amada perdida,
dibujando en su mente el danzar
de la alegre Samara en su islita.

Los aullidos del mar le recuerdan,
en los susurros de ecos antiguos,
los sollozos eternos de aquella
que resuenan en tristes abismos.

No quería vivir el marino
condenado a vagar sin amor;
descolgó de su cuello el frasquito
y tragó el venenoso licor.

Se acabó el inmortal derrotero
del marino que venció a mil naves,
sometiendo con furia los vientos,
y domó con destreza los mares.

Exhalando un aliento de fuego,
atisbó a Samara en el mar,
su fantasma cantaba de nuevo
con su hermoso y alegre danzar.

ÍNDICE